BEI GRIN MACHT SICH IHR WISSEN BEZAHLT

- Wir veröffentlichen Ihre Hausarbeit, Bachelor- und Masterarbeit

- Ihr eigenes eBook und Buch - weltweit in allen wichtigen Shops

- Verdienen Sie an jedem Verkauf

Jetzt bei www.GRIN.com hochladen und kostenlos publizieren

Tobias Steinmann

Führungsstile in der stationären Altenhilfe

Eine Praxisreflexion

GRIN Verlag

Bibliografische Information der Deutschen Nationalbibliothek:

Die Deutsche Bibliothek verzeichnet diese Publikation in der Deutschen Nationalbibliografie; detaillierte bibliografische Daten sind im Internet über http://dnb.d-nb.de/ abrufbar.

Dieses Werk sowie alle darin enthaltenen einzelnen Beiträge und Abbildungen sind urheberrechtlich geschützt. Jede Verwertung, die nicht ausdrücklich vom Urheberrechtsschutz zugelassen ist, bedarf der vorherigen Zustimmung des Verlages. Das gilt insbesondere für Vervielfältigungen, Bearbeitungen, Übersetzungen, Mikroverfilmungen, Auswertungen durch Datenbanken und für die Einspeicherung und Verarbeitung in elektronische Systeme. Alle Rechte, auch die des auszugsweisen Nachdrucks, der fotomechanischen Wiedergabe (einschließlich Mikrokopie) sowie der Auswertung durch Datenbanken oder ähnliche Einrichtungen, vorbehalten.

Impressum:

Copyright © 2010 GRIN Verlag GmbH
Druck und Bindung: Books on Demand GmbH, Norderstedt Germany
ISBN: 978-3-656-25508-6

Dieses Buch bei GRIN:

http://www.grin.com/de/e-book/199112/fuehrungsstile-in-der-stationaeren-altenhilfe

GRIN - Your knowledge has value

Der GRIN Verlag publiziert seit 1998 wissenschaftliche Arbeiten von Studenten, Hochschullehrern und anderen Akademikern als eBook und gedrucktes Buch. Die Verlagswebsite www.grin.com ist die ideale Plattform zur Veröffentlichung von Hausarbeiten, Abschlussarbeiten, wissenschaftlichen Aufsätzen, Dissertationen und Fachbüchern.

Besuchen Sie uns im Internet:

http://www.grin.com/

http://www.facebook.com/grincom

http://www.twitter.com/grin_com

Facharbeit
im Rahmen des Lehrgangs
Fachkraft für Leitungsaufgaben in der Pflege

02.03.2009 – 14.01.2011

im Institut für Weiterbildung des
Städtischen Klinikums Braunschweig gGmbH

Thema:

Führungsstile in der stationären Altenhilfe – eine Praxisreflexion

vorgelegt von: Tobias Steinmann

Abgabetermin: 19.11.2010

Schöningen, den 15.November 2010

Führungsstile in der stationären Altenhilfe – eine Praxisreflexion

Inhaltsverzeichnis

1. Einleitung	1
2. Begriffserklärungen	1
2.1 Führung, Führungsstil, Führungstechnik, Führungsinstrumente	1
2.2 Führung	1
2.3 Führungsstil	3
2.4 Führungstechnik	3
2.5 Führungsinstrumente	4
3. Führungsstile nach Lewin	4
3.1 Autoritärer Führungsstil	5
3.2 Demokratischer Führungsstil	7
3.3 Laissez-faire Führungsstil	8
3.4 Situativ-kooperativer Führungsstil	9
4. Altenhilfe im Wandel	12
4.1 Führung in der stationären Altenhilfe heute und morgen	14
5. Management by Objectives als mögliche Führungstechnik	15
6. Fazit	17
7. Literaturverzeichnis	18

1. Einleitung

„Die neuen gesetzlichen Rahmenbedingungen der Altenhilfe und des Managens, veränderte Anforderungen auf der Nachfrageseite, verstärkte Professionalisierungs- und Repräsentationspflichten haben den Alltag der Pflegenden und Leitungspersonen verändert und werden ihn weiter verändern.[...] Zwei zum Teil widerstrebende Anforderungsbereiche bestimmen dabei das Arbeitsfeld: **Fachlichkeit**, d.h. die Beziehung zu den BewohnerInnen, Lebensraumgestaltung und fachliche Verantwortung für das Pflegeangebot, die Pflegeprozessgestaltung und die geleistete Pflege. **Leitungsverantwortung**, d.h. Gewährleisten fördernder Kommunikations- und Kooperationsstrukturen (Teamarbeit), Personaleinsatz, Anleitung und Einarbeitung, Nachwuchs- und Mitarbeiterförderung, Koordination, Kontrolle und Mitverantwortung in betriebswirtschaftlichen Fragen."[1]

So oder so ähnlich könnte ein Anforderungsprofil für eine leitende Tätigkeit (z.B. Wohnbereichsleitung) in der stationären Altenhilfe aussehen. Dabei geht es zentriert um **Führungsaufgaben** und dabei um die Anwendung von **Führungsstilen** in der Praxis. Doch was sind Führungsstile überhaupt und können sie tatsächlich immer in ihrer Reinform angewendet werden? Wo setzen Rahmenbedingungen Grenzen, wie funktioniert Führung momentan und wie könnte Führung künftig in der stationären Altenhilfe aussehen?

Mit diesen Fragen beschäftigt sich diese Facharbeit. In einem ersten Schritt wird definiert was Führung, Führungsstil und Führungstechnik überhaupt bedeuten. Im zweiten Schritt beschäftigt sich die Facharbeit mit den drei Führungsstilen nach LEWIN, dabei auch der X-Y-Managementtheorie nach McGREGOR und dem situativ-kooperativen Führungsstil in Anlehnung an HERSEY & BLANCHARD. Es wird versucht darzustellen, welcher Führungsstil bzw. ob ein einzelner Führungsstil geeignet ist und wie die Anwendung in der Praxis stattfinden kann.

Abschließend wird kurz das Führungsmodell „Management by Objectives" (MBO) als eine mögliche Führungstechnik vorgestellt.

2. Begriffserklärungen

2.1 Führung, Führungsstil, Führungstechnik, Führungsinstrumente

2.2 Führung

Für den Begriff **Führung** gibt es viele verschiedene Definitionen. Näher betrachtet haben sie allesamt eines gemeinsam, nämlich das Führung unter anderem auch den Faktor **Einfluss oder Einflussnahme** beinhaltet.

Menschen, in diesem Fall die Arbeitnehmer, werden dazu aufgefordert die **Ziele** eines Unternehmens anzustreben. Führung als solches gliedert sich in zwei

---

[1] K. Kämmer/B. Schröder (Hrsg.), Schlütersche (2000), Pflegemanagement in Alteneinrichtungen, 4. Auflage, Hannover, S. 9,11

Gruppen, zum einen das **Führen durch Strukturen** und zum anderen das **Führen durch Menschen**. Letzteres ist hier für die Facharbeit von Bedeutung.

Eine zutreffende Definition aus der Vielzahl der Möglichkeiten auszuwählen und in wenigen Zeilen zusammen zu fassen erscheint ungeeignet. Vielmehr lässt sich Führung definieren, in dem man versucht die **Merkmale** von und **Anforderungen** an „Führung" zu beschreiben. Ein entscheidendes Merkmal von Führung ist die **Interaktion** von mindestens zwei Personen, daher handelt es sich bereits um ein **Gruppenphänomen**[2]. Es entsteht eine **Gruppendynamik**, d.h. alle Prozesse und Interaktionen innerhalb einer Gruppe, die das Verhalten der einzelnen Gruppenmitglieder und die Beziehungen untereinander bestimmen. Man kann sagen, dass **Führungsperson** und **Gruppenmitglied** in einer wechselseitigen **Beziehung** zueinander stehen. Ein weiteres kennzeichnendes Merkmal von Führung ist der ausgeübte **Einfluss** der Führungsperson, welche das Geschehen innerhalb der Gruppe **plant, koordiniert und evaluiert** aber auch den Arbeitnehmer **motiviert**. Die Persönlichkeit einer Führungsperson spielt aufgrund ihrer Merkmale, speziell die personalen Qualitäten, eine erhebliche Rolle.

Grundsätzlich kann man acht Merkmale als entscheidend für eine Leitung ansehen:

Ausstrahlung und Charakter, Ausgeglichenheit und innere Ruhe, Zielbewusstsein und Konsequenz, Kooperationsfähigkeit und Organisationstalent, Menschenkenntnis und die Begabung, Menschen partizipierend zu einem Ziel zu führen, selbstständiges Denken und Handeln/Kreativität, Ausdrucksfähigkeit und fachliches Können[3]. Außerdem muss ein gemeinsames Ziel vorhanden sein[4]. Dabei unterscheidet man drei Kategorien von Zielen, die Organisationsziele (Vorgaben der Organisation, wenig motivierend für den Arbeitnehmer), die Gruppenziele (werden in der Interaktion mit der Gruppe erarbeitet, daher motivierender als Organisationsziele, sorgen für einen besseren Zusammenhalt untereinander) und die Individualziele (bestimmt durch Bedürfnisse, laufen parallel zu den beiden anderen Zielen)[5].

Hieraus ergeben sich auch wieder die Anforderungen an Führung als solches (s.o.). Führung sollte keinesfalls auf Argwohn, sondern auf **Vertrauen** und Klarheit beruhen und den Mitarbeitern **Orientierung** bieten. Außerdem muss Führung Koordinierungs-, Regel- und Steuerungsleistungen erbringen können, in der Lage sein zu kontrollieren und Verantwortung zu übernehmen; sie muss wirksam sein. Die Basis bildet dabei die Interaktion der Beteiligten[6].

In einem Betrieb, somit auch in einer Pflegeeinrichtung, ist zu beachten, dass die Person welche die Führung inne hat nicht von der Gruppe gewählt, sondern von der Organisation festgelegt wird. Diese formal eingesetzte Führung wird auch Vorgesetzter oder Leiter genannt. Dabei sind die Begrifflichkeiten **Führung** und

---

[2] Dr. Ortrud Sander, Unterrichtsskript im Lehrgang zur Fachkraft für Leitungsaufgaben im Institut für Weiterbildung Klinikum Braunschweig (2010), Das Team als soziale Gruppe, S.1
[3] K. Kämmer/B. Schröder (Hrsg.), Schlütersche (2000), Pflegemanagement in Alteneinrichtungen, 4. Auflage, Hannover, S. 117
[4] Vgl. Führungsmodell „Management by Objectives", Peter Drucker, 1954
[5] Brunen/Herold (Hrsg.), Schlütersche (2002), Ambulante Pflege. Die Pflege gesunder und kranker Menschen: Ambulante Pflege, Bd.3: Familienpflege, Management, Bildung: Bd.3, S.485
[6] Vgl. Schubert, Klaus/Martina Klein: Das Politiklexikon. 4., aktual. Aufl. Bonn: Dietz 2006

Leitung mit signifikanten Unterschieden behaftet. Führung beruht auf **personaler Kompetenz**, Leitung auf **formaler Kompetenz**. Bei der Leitung resultiert die Macht der Leitungsperson durch das Organisationssystem (externe Quelle), während bei der Führung die Führungsperson durch die Anerkennung in der Gruppe abgesichert wird. Bei der Leitung werden die Ziele durch die Organisation bestimmt, bei der Führung durch die Gruppe. Außerdem ist es möglich, das bei der Leitung nur ein geringes bis gar kein Zusammengehörigkeitsgefühl besteht und eine große soziale Distanz zwischen Leiter und anderen Mitgliedern der Gruppe vorliegt.

Führung resultiert aus der **Notwendigkeit** nach kompetenter **Wahrnehmung** bestimmter **Aufgaben** mit Hilfe adäquater Mittel durch bestimmte Personen, Leiter und- / oder andere Gruppenmitglieder.

Bei der Führung ist das Zusammengehörigkeitsgefühl weitaus stärker und soziale Distanz zwischen Führungsperson und Gruppenmitgliedern ist kaum oder nur gering vorhanden, da die Führungsperson als Teil der Gruppe akzeptiert wird.

Führung und Leitung unterscheiden sich also in ihrem Gruppen- und in ihrem Aufgabenbezug.

2.3 Führungsstil

„Der Begriff **Führungsstil** bezeichnet ein langfristiges, relativ stabiles, von der Situation unabhängiges Verhaltensmuster der Führungsperson, das zugleich die Grundeinstellung gegenüber den Mitarbeitern zum Ausdruck bringt"[7]. Der Führungsstil ist also ein konstantes Persönlichkeitsmerkmal, das in diversen Führungssituationen immer gleich ist und großen Einfluss auf die geführten Personen hat[8].

Der Begriff Führungsstil „bezieht sich auf das Ausmaß der Kontrolle über die Untergebenen oder die ihnen eingeräumte Freiheit" (Bernhard Walsh, 1997, S. 74).

2.4 Führungstechnik

Die **Führungstechnik** umfasst Grundsätze bzw. Prinzipien in Form von Management-by-Techniken, beispielsweise Management by Objectives als Führung durch Zielvereinbarung. Die Beschreibung dieser Techniken beantwortet die Frage nach dem, "wie" die Umsetzung der Führung erfolgt, d.h., welche Instrumente und Methoden eingesetzt werden. Führungstechniken sind die Grundvoraussetzung für eine adäquate Umsetzung eines Führungsstiles[9].

Im Wesentlichen ergeben sich daraus folgende Zielsetzungen:

---

[7] Staehle, Management, 8. Auflage, München 1999, S. 334
[8] Baumgarten, R.(1977), Führungsstile und Führungstechniken, Berlin/New York, S. 16
[9] Vgl. Ebenda

- Die Freistellung für Führungskräfte für echte Führungsaufgaben und die Entlastung der Vorgesetzten von Routinearbeiten
- Den Mitarbeitern mehr Selbstständigkeit bei der Ausführung der Arbeit verleihen mit der Folge positiver Leistungssteigerung durch Motivation
- Die Anpassung der unternehmerischen Leistung an veränderte Umweltbedingungen[10]

2.5 Führungsinstrumente

„Die Führungsinstrumente sind ein umfassender Ausdruck jener Mittel und Verfahren, die zur Beeinflussung des Mitarbeiterverhaltens eingesetzt werden können. Sie zeigen, „womit" konkret geführt wird." [11]

Die Führungskraft hat zum Zwecke ihrer Aufgaben diverse Führungsinstrumente zur Verfügung. Ich der Nachfolgenden Aufzählung möchte ich die wichtigsten darstellen:

- Zielvereinbarungen
- Kommunikation
- Delegation
- Information, Transparenz
- Projektmanagement
- Motivation
- Entwicklungsstrategien (z.B. Teambildung)
- Bewältigungsstrategien (z.B. Konfliktbewältigung)[12]

Die Führungstechnik kann dabei spezifische Führungsinstrumente beinhalten.

3. Führungsstile nach Lewin

„Kurt Lewin, Deutsch-amerikanischer Psychologe (1890-1947) und ein Vertreter der Berliner Schule, der die Gestalttheorie [13] zur sozialen Feldtheorie [14] weiterentwickelte. Seine experimentelle Erforschung von Gruppenprozessen in den USA begründete die Methode der Handlungsforschung (Aktionsforschung[15])."[16] Kurt Lewin führte 1938 ein Experiment mit Schulkindern

---

[10] http://de.wikipedia.org/wiki/F%C3%BChrungstechnik
[11] http://de.wikipedia.org/wiki/F%C3%BChrungstechnik
[12] Lütkefent, Y., (2003), Flexible Dienstplangestaltung in der Altenpflege, Hannover, S. 37
[13] Gestalttheorie ist ein allgemeiner Begriff für den Ansatz, der Anfang des 20. Jahrhunderts unter der Bezeichnung Gestaltpsychologie bekannt wurde. Mit dem Begriff wird darauf verwiesen, dass es sich zwar um eine psychologische Theorie handelt, das diese aber für sich in Anspruch nimmt, auch über die Psychologie hinaus für andere Wissenschaftszweige als Metatheorie relevant zu sein.
(http://de.wikipedia.org/wiki/Gestalttheorie)
[14] Die **Feldtheorie** stammt aus der Gestalttheorie und wurde hauptsächlich von Kurt Lewin (1890-1947) weiter ausgearbeitet. Die Theorie besagt, dass aus einer Anordnung psychologisch relevanter Kräfte (*Vektorkräfte*) das individuelle Verhalten hervorgeht. Dieses Verhalten kann mit einem mathematisch rekonstruierbaren Lebensraum beschrieben werden, dem Umfeld. Das Umfeld eines Individuums ist nach dessen Art, Persönlichkeit und Erfahrungsbestand spezifisch strukturiert.
(http://de.wikipedia.org/wiki/Feldtheorie_(Psychologie)
[15] Handlungs- und Aktionsforschung sind synonyme Übersetzungen des von Kurt Lewin geprägten Begriffs action research. Er wollte als Kritik an einer rein experimentellen Sozialpsychologie eine Wissenschaft

über die Auswirkungen von verschiedenen Führungsstilen durch. Die drei Führungsstile, die er dabei untersuchte, waren der Autoritäre, der Demokratische und der „laissez-faire" Stil.

3.1 Autoritärer Führungsstil

Kennzeichnend für den autoritären Führungsstil ist Kontrolle. Die Führungsperson legt alle Arbeitsschritte fest, teilt die Gruppen ein und lobt und tadelt persönlich. Alle Entscheidungen werden ausschließlich von ihr getroffen und sie kommuniziert nur in sehr geringem Maße mit den Gruppenmitgliedern. Auftretende Konflikte werden eher ignoriert als gelöst und die Führungsperson versucht die Mitarbeiter durch Druck und Lob zu motivieren[17].

Dieser Führungsstil führt unwiderruflich zu Desinteresse und Unzufriedenheit bei den Mitarbeitern, da sie von allen wichtigen Entscheidungen ausgeschlossen werden. Die Motivation sinkt.

Praxisbeispiel:

Eine Wohnbereichsleitung in einer Altenpflegeeinrichtung schreibt den Monatsdienstplan nach ihrem Ermessen ohne dabei die gesetzlichen Rahmenbedingungen zu beachten. Es fallen für viele Mitarbeiter „kurze Wechsel" (vom Spät- in den Frühdienst) und lange Dienststrecken an, z.B. 17 Tage und mehr. Zudem plant sie, trotz der Kenntnis, dass einige Mitarbeiter schulpflichtige Kinder haben und an bestimmten Tagen die Unterbringung ihrer Kinder nicht gewährleisten können, für diese Mitarbeiter die ungünstigsten Dienste, obwohl es möglicherweise anders abgesprochen oder gar auf dem Wunschplan eingetragen wurde. Die auftretenden Konflikte mit den betroffenen Mitarbeitern werden ignoriert und autoritär gelöst, d.h., der Dienstplan mit allen Mitteln durchgesetzt.

Die Folge sind hochunzufriedene Mitarbeiter mit sinkender Arbeitsleistung.

Desweiteren treten bei diesem Führungsstil in der Gruppe hohe Spannungen mit Feindseligkeiten auf. Während den Kontrollen durch die Führungsperson ist die Intensität der Arbeitsleistung sehr hoch, jedoch wird die Arbeit nicht fortgeführt, wenn die Führungsperson abwesend ist. Dies bedingt einen hohen Leistungsabfall[18].

Die nachfolgende Darstellung zeigt die Anwendung des autoritären Führungsstiles im Abgleich mit Theorie „X" nach McGREGOR (1960):

---

begründen, deren Hypothesen praxisnah sind und deren Implikationen zu Veränderungen im Sinne einer Problemlösung führen. (http://de.wikipedia.org/wiki/Aktionsforschung).
[16] Grosses Wörterbuch der Psychologie – Grundwissen von A-Z, (2004) Compact Verlag München, S. 206
[17] Vgl. Wagner, K.; Rex, B.F.; Eicher, M. (2003), Praktische Personalführung, 3. Auflage, Wiesbaden, S. 144-145
[18] Wagner, K.; Rex, B.F.; Eicher, M. (2003), Praktische Personalführung, 3. Auflage, Wiesbaden, S. 144-145

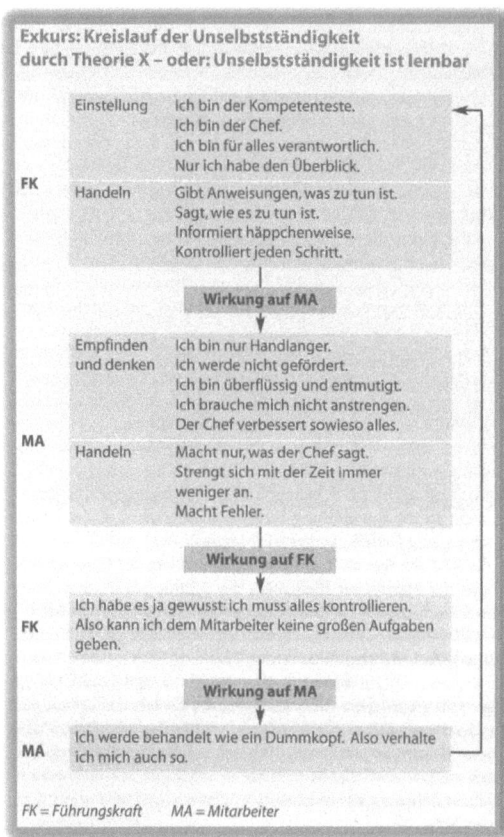

Abbildung 1[19]

„Die **Theorien X und Y** sind Managementtheorien bzw. Führungsphilosophien, die zwei völlig unterschiedliche Menschenbilder repräsentieren. Douglas McGregor prägte die Theorie X erstmals 1960 während seiner Professur am MIT (Massachusetts Institute of Technology) in seinem Buch „The Human Side of Enterprise" und sah in ihr eine implizite Grundlage der traditionellen hierarchischen Betriebsführung. Jedoch lehnte McGregor die Theorie X ab und bevorzugte die von ihm vorgeschlagene Alternative der Theorie Y."

„Die Theorie X nimmt an, dass der Mensch von Natur aus faul ist und versucht der Arbeit so gut es geht aus dem Weg zu gehen. Prinzipiell ist er von außen motiviert, das heißt durch extrinsisch ausgerichtete Maßnahmen zu belohnen beziehungsweise zu sanktionieren. Im Gegensatz dazu geht die Theorie Y davon aus, dass der Mensch durchaus ehrgeizig ist und sich zur Erreichung sinnvoller Zielsetzungen bereitwillig strenge Selbstdisziplin und Selbstkontrolle auferlegt. Er

---

[19] Quelle: Mahlmann, R.; Beltz (2002), Führungsstile flexibel anwenden – Mitarbeiterorientiert, situativ und authentisch führen, Weinheim und Basel, S. 22

sieht Arbeit als Quelle der Zufriedenheit und hat Freude an seiner Leistung. Auch Verantwortungsbewusstsein und Kreativität prägen dieses Menschenbild."[20]

3.2 Demokratischer Führungsstil

Der demokratische Führungsstil ist durch die Zusammenarbeit der Gruppe gekennzeichnet. Die Grundeinstellung der Führungsperson entspricht der Theorie Y. Die Führungsperson behält zwar ihre Führungsposition, jedoch kann die Gruppe selbstständig über die Aufgaben und Probleme diskutieren.[21]

Die Führungsperson sieht sich als gleichgestelltes Mitglied der Gruppe und begreift sich eher als Coach oder Partner ihrer Mitarbeiter. Sie gibt Hilfe in Form von Selbstkontrolle oder aber Hilfe zur Selbsthilfe. Die Kommunikation mit den Mitarbeitern ist dabei von zentraler Bedeutung. Die Führungsperson motiviert durch ihr Interesse an den Mitarbeitern und ihrer Arbeit. Sie nimmt die Meinung ihrer Mitarbeiter ernst und partizipiert an vielen Entscheidungs- und Gestaltungsprozessen. Konflikte werden offen angesprochen und ausgetragen, dabei wird Kritik konstruktiv zum Ausdruck gebracht.

Die Folgen sind ein angenehmes Teamklima mit einer hohen Kommunikations- und Informationsdichte. Mitarbeiter sind in der Lage, sich selbst zu motivieren und sind nicht auf das Lob des Vorgesetzten angewiesen. Aufgrund der entspannten Atmosphäre innerhalb der Gruppe führt das Gesamtmaß der Arbeitszufriedenheit zu einer hohen Originalität der Arbeitsergebnisse.[22] Auch bei Abwesenheit der Führungsperson arbeiten die Mitarbeiter weiter.

Praxisbeispiel:

Dieselbe Wohnbereichsleitung wie im vorigen Beispiel erstellt den Monatsdienstplan unter Berücksichtigung der Rahmenbedingungen und gesetzlichen Vorgaben. Dadurch entfallen kurze Wechsel und lange Dienststrecken. Mitarbeiter mit schulpflichtigen Kindern werden so geplant, dass die Harmonie von Beruf und Familie gegeben ist. Bei Unklarheiten werden Absprachen mit ihnen getroffen. Möglicherweise auftretende Konflikte werden im Team diskutiert, jeder kann an der Lösung beteiligt sein. Der Dienstplan kommt im wesentlichen Einvernehmen mit den Mitarbeitern zustande.

Die Folge sind zufriedenere Mitarbeiter mit gleichbleibender oder steigender Arbeitsleistung.

Im Abgleich mit der Theorie „Y" kann der Kreislauf der Selbstständigkeit so dargestellt werden:

---

[20] Quelle: http://de.wikipedia.org/wiki/X-Y-Theorie
[21] Brocher, T. (1976), Gruppendynamik und Erwachsenenbildung, 12. Auflage, Braunschweig, S. 28
[22] Vgl. Mahlmann, R.; Beltz (2002), Führungsstile flexibel anwenden – Mitarbeiterorientiert, situativ und authentisch führen, Weinheim und Basel, S. 41

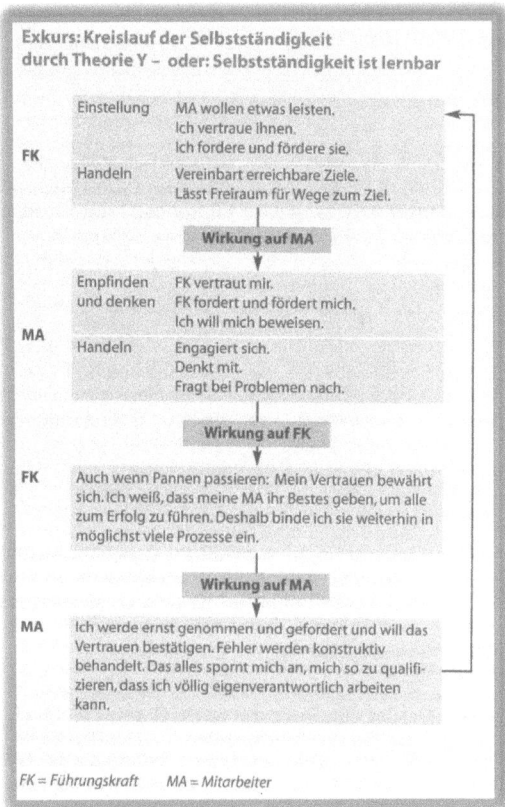

Abbildung 2[23]

3.3 Laissez-faire Führungsstil

Der Laissez-faire Führungsstil ist durch eine passiv-nachgiebige Führungsperson gekennzeichnet, die alles geschehen lässt.[24] Die Führungsperson zeigt keine oder nur wenig Initiative oder Bewertung, lässt den Gruppenmitgliedern eine hohe Entscheidungsfreiheit und agiert nur auf Nachfragen der Mitarbeiter.[25]
Dieser Führungsstil führt zu „Verwahrlosungen", „Terrorisierungen" innerhalb der Gruppe und schließlich zur Auflösung der selbigen.[26]
Es gibt keine klare Zielsetzung durch die Führung und auch keine Anerkennung der erbrachten Arbeitsleistungen. Die Verantwortung bleibt bei der Gruppe und wird nicht gemäß dem Umfang der Aufgaben verteilt.

---

[23] Quelle: Mahlmann, R.; Beltz (2002), Führungsstile flexibel anwenden – Mitarbeiterorientiert, situativ und authentisch führen, Weinheim und Basel, S. 31
[24] Brocher, T. (1976), Gruppendynamik und Erwachsenenbildung, 12. Auflage, Braunschweig, S. 27-28
[25] Wagner, K.; Rex, B.F.; Eicher, M. (2003), Praktische Personalführung, 3. Auflage, Wiesbaden, S. 144
[26] Brocher, T. (1976), Gruppendynamik und Erwachsenenbildung, 12. Auflage, Braunschweig, S. 28

Der Laissez-faire-Führungsstil taucht aber auch im Konzept des situativen Führens auf und zwar unter dem Punkt „Delegieren". Das traditionelle Verständnis von Laissez-faire bedeutet „heraushalten", also etwas geschehen lassen. Wirft man nun einen Blick auf die Theorie von Hersey & Blanchard kommt man jedoch zu dem Schluss, dass Delegation ein hohes Maß an Vertrauen, Eigenverantwortung und dabei wenig Kontrolle durch die Führungsperson beinhaltet. Es lässt weiterhin vermuten, das Laissez-faire von der Führungskraft das Beherrschen sämtlicher Führungsstile verlangt.

Der Laissez-faire-Stil zielt dabei auf die intrinsische Motivation des Mitarbeiters und setzt dabei einen gewissen Reifegrad voraus. Der Führende sieht sich selbst dabei eher als Coach oder Begleiter. Will man diesen Führungsstil anwenden, setzt das voraus, dass entsprechende Vorarbeit geleistet ist. Als Führungskraft muss man die Mitarbeiter erst entwickeln helfen damit sie in der Lage sind, selbstständig zu handeln und zu arbeiten.

Laissez-faire ist also nicht ausschließlich negativ behaftet und kann auch in der Praxis funktionieren, setzt allerdings ein Team von „Spezialisten" voraus.

3.4 Situativ-kooperativer Führungsstil

Paul Hersey hat zusammen mit Ken Blanchard 1977 das Reifegradmodell entwickelt. Grundlegend beruht dieser Führungsstil auf der Annahme, dass jeder Mitarbeiter nach seinem Reifegrad geführt werden muss, um seine Potentiale für das Unternehmen freizusetzen. Nicht die Führungskraft führt in erster Linie mit ihrem persönlichen Stil, sondern sie passt den Führungsstil der eigenen Persönlichkeit um den Bedarf am Mitarbeiter an.

„Der Reifegrad eines Mitarbeiters wird aus der Kombination von Willigkeit (psychologischer Reife) und Fähigkeit (Arbeitsreife) bestimmt. Durch die Ausprägung von niedrig bis hoch ergeben sich vier Grundformen"[27]:

- **Reifegrad 1**: *nicht fähig und nicht willig* oder *nicht fähig und unsicher*
- **Reifegrad 2**: *nicht fähig, aber willig* oder *nicht fähig, aber vertrauensvoll*
- **Reifegrad 3**: *fähig, aber nicht willig* oder *fähig, aber unsicher*
- **Reifegrad 4**: *fähig und willig* oder *fähig und vertrauensvoll*

Daraus ergibt sich die Art der Führung:

- **Reifegrad 1**: Diktieren (telling): *Gib genaue Anweisungen und überwache die Leistung!*
- **Reifegrad 2**: Argumentieren (selling): *Erkläre Entscheidungen und gib Gelegenheit für Klärungsfragen!*
- **Reifegrad 3**: Partizipieren (participating): *Teile Ideen mit und ermutige Entscheidungen zu treffen!*
- **Reifegrad 4**: Delegieren (delegation): *Übergib die Verantwortung zur Entscheidungsfindung und Durchführung!*

---

[27] http://de.wikipedia.org/wiki/Reifegradmodell_(F%C3%BChrungslehre)

Mitarbeiter im **Reifegrad 1** benötigen daher viel Kontrolle und Klarheit in Bezug auf die Arbeitsanweisungen. Eine Möglichkeit der Kontrollfunktion gerecht zu werden ist der Einsatz von Personalführungsinstrumenten, welche den strukturellen Rahmen bilden. Dazu gehören z.b. Mitarbeitergespräche und Zielvereinbarungen, Stellenbeschreibungen, Ablaufbeschreibungen, u.s.w. .

Beispiel: Einarbeitungsphase einer neuen Pflegehilfskraft ohne Vorerfahrung-> Viel Kontrolle, genaue Arbeitsanweisungen, viel Struktur.

Mitarbeiter im **Reifegrad 2** benötigen viel Erklärung und Unterstützung, z.b. in Form von Vorschlägen, es wird noch immer stark durch die Führungsperson dirigiert. Wichtig: Die eigentliche Entscheidung wird von der Führungsperson getroffen.

Beispiel: Die neue Pflegehilfskraft ist nunmehr eingearbeitet und ist sicherer geworden►sie benötigt noch immer viel Unterstützung, trifft keine eigenen Entscheidungen.

Bei Mitarbeitern im **Reifegrad 3** steht der Partizipationsgedanke im Vordergrund. Es geht darum, ihre Stärken zu bewerten und entsprechend zu nutzen. Diese Mitarbeiter benötigen Ermutigung und Unterstützung durch die Führungsperson. Sie sollen lernen Entscheidungen selbstständig treffen.

Beispiel: Eine exam. Altenpflegerin mit entsprechender Berufserfahrung. Hier kann man durch die Qualifikation einen bestimmten Reifegrad erwarten. Hier geht es Mitarbeitermotivation.

Delegation steht im Vordergrund bei Mitarbeitern im **Reifegrad 4**. Sie erhalten wenig Kontrolle und tragen die Verantwortung der an sie delegierten Aufgaben. Somit sind sie auch für ihr Handeln selbst verantwortlich.

Beispiel: Exam. Altenpflegerin, zwanzig Jahre Berufserfahrung, top motiviert.►um ihre Motivation nicht zu bremsen wenig Kontrolle, wenig Struktur, viel Eigenverantwortung.

Situatives Führen beruht also auf dem Reifegradmodell. Es geht zentral um das Fördern von Handlungskompetenzen und die Zufriedenheit der Mitarbeiter, also die Motivation.

Grundvoraussetzung für die Fähigkeit situativ führen zu können ist der Erwerb von Methodenkompetenz bei der Führungsperson. Praktische Merkmale eines kooperativen Führungsstiles sind das Treffen von Zielvereinbarungen, das Schaffen von Leistungstransparenz, das Treffen klarer Absprachen, die auch eingehalten werden, weitgehende Delegation (zur Förderung der Selbstständigkeit), fördern der Zusammenarbeit, persönlicher und respektvoller Kontakt, effiziente und effektive Besprechungskultur, das Ansprechen von Konflikten (gemeinsam durchgehen und-/oder lösen), Mitarbeiter anleiten und begleiten, regelmäßige Beurteilungen, anbieten von Unterstützung und Hilfe und das Durchführen regelmäßiger Leistungsüberprüfungen mit dem Ziel der Förderung von Mitarbeitern.[28]

Der theoretische Hintergrund des situativ-kooperativen Führens macht dabei sehr viel an der Führungsperson fest und das alles ist sicher richtig. Jedoch ist auch die Führung einer Fülle von Einflussfaktoren unterworfen und wird mal mehr, mal weniger ihre Methodenkompetenzen zum Ausdruck bringen. Die Literatur liest sich an dieser Stelle wie ein „Wunschbuch" an Fähigkeiten; dabei darf man nicht vergessen, dass Führende auch nur Menschen sind.

Zurück zu den Fakten:

Im Kontext bedeutet das, dass Führung dazu in der Lage sein muss, sich selbst Fehler einzugestehen, sich selbst immer wieder zu reflektieren, um sich der Leistung der Mitarbeiter anzupassen. Sie muss auf Leistungsrückschritte reagieren können.

Am Beispiel einer Wohnbereichsleitung in einem Altenpflegeheim, z.B. durch die Teilnahme an einer Fachweiterbildung zur Leitungskraft. Dem voraus geht die Erkenntnis des Arbeitgebers, das bestimmte Kompetenzen zumindest im Ansatz vorhanden sind und diese für förderungswürdig erachtet werden. Die zukünftige Führungskraft erhält durch die Teilnahme an der Fachweiterbildung die Möglichkeit durch den Erwerb von Fach- und Methodenkompetenzen die eigene Persönlichkeit zu entwickeln und sollte danach in der Lage sein, ihren Führungsstil situationsbezogen am Bedarf der Mitarbeiter orientiert anzuwenden. Am Ende steht die Erkenntnis, dass sich situatives Führen entwickeln muss. Eine große Gefahr bei der Führungsperson stellt der Verlust von Methodenkompetenz im Alltag dar und dadurch die Fähigkeit, situationsgerecht zu reflektieren und entsprechend zu agieren.

„Kooperativ führen heißt, dass die Führungsperson die Teammitglieder ermutigt, ihre Arbeitsverfahren mitzugestalten, bzw. auch selbst zu bestimmen."
(K.Kämmer, 2008)

Die Führungskraft sollte selbst stets lernbereit sein. Es fällt sicher keine Führungskraft mit der Fähigkeit, situativ führen zu können, vom Himmel. Außerdem sollte sie sich immer vor Augen führen, dass es Mitarbeiter gibt, die ihr in der einen oder anderen Weise überlegen sind, was sie aber erkennen und für sich nutzen sollte.

Es wird bereits deutlich, dass die dauerhafte Anwendung eines Führungsstiles ineffektiv ist. Vielmehr ist es notwendig, gemessen an der Situation und den Bedürfnissen des Mitarbeiters, zwischen den einzelnen Führungsstilen zu wechseln. Der Schwerpunkt liegt dabei in der *Kooperation* mit den Teammitgliedern.

---

[28] K. Kämmer, Pflegemanagement in Altenpflegeeinrichtungen, (2008), Schlütersche, Hannover, S. 214

4. Altenhilfe im Wandel

Um zu verdeutlichen, wie Führung in der stationären Altenhilfe, in diesem Fall Altenpflegeheime, aufgebaut ist, ist es notwendig, einen Blick auf den Wandel in der Altenhilfe als solches zu werfen.

Die demografische Entwicklung zeigt, dass der Anteil alter Menschen in Deutschland stetig zu nimmt (s. nachfolgende Grafik):

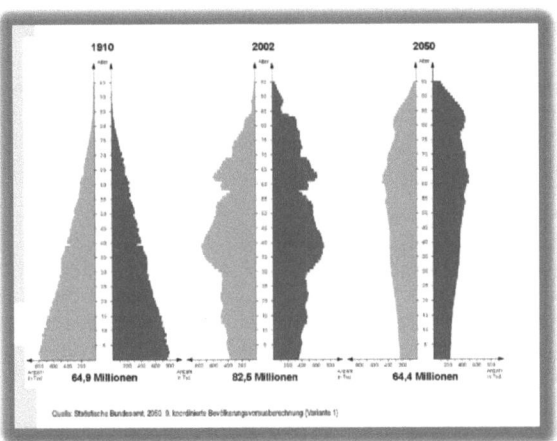

Der Anteil der über siebzig- bis neunzigjährigen steigt drastisch an. Dadurch wird eine immer professionellere Betreuung nötig. Durch den medizinischen Fortschritt, den Einsatz hochtechnisierter Hilfsmittel und der Umsetzung von modernen Pflegekonzepten ist eine immer höhere Qualifizierung des Pflegepersonals notwendig. Daraus ergeben sich ein steigender Bedarf an Fachkräften und ein zunehmender finanzieller Aufwand. Neue Versorgungsformen für alte und kranke Menschen sind notwendig, um eine medizinisch-pflegerische Versorgung dauerhaft gewährleisten zu können. Aufgrund der steigenden alten Bevölkerungsschicht wird sich auch der Wettbewerb in den nächsten Jahrzehnten verändern. Es wird zunehmend mehr miteinander konkurrierende Betriebe auf dem Markt geben. Eine funktionierende Führungsstruktur in einer Einrichtung rückt somit noch mehr in den Fokus und gewinnt zunehmend an Bedeutung. Auch die Personalbindung der Betriebe wird sich zunehmend verschärfen.

Sicher gilt dabei „ambulant vor stationär", wie es sich auch der Gesetzgeber vorstellt. Meiner Überzeugung nach ist ein „terraforming" der deutschen Pflegelandschaft in den nächsten beispielsweise dreißig Jahren kaum so zu bewerkstelligen, dass der Großteil der alten, morbiden Bevölkerung dauerhaft zuhause versorgt werden kann. Daher ist eine differenziertere Kombination und bessere Ausnutzung der vorhandenen Ressourcen, vor allem im stationären Bereich, nötig. „Die Grenzen zwischen selbstorganisierter Hilfe – mit und ohne

---

[29] Quelle: Statistisches Bundesamt, 2050, 9. Koordinierte Bevölkerungsvorausberechnung, Variante 1, http://www.destatis.de/jetspeed/portal/cms/

Pflegebudget -, teilstationärer und stationärer Pflege werden immer mehr verschwimmen".[30]

Perspektivisch könnten Pflegeheime Zentren für ambulante Versorgung werden, sie wären dadurch besser in die Umgebung / Nachbarschaft integriert. Professionelle Versorgung Schwerstkranker, die Begleitung von Menschen mit Demenz oder auffälligem Verhalten und die palliative Versorgung von Sterbenden wären weitere Möglichkeiten, die Kapazitäten der Pflegeheime besser zu nutzen. Dazu ist es aber unabdingbar, den Anteil der qualifizierten Fachkräfte deutlich zu erhöhen um den wachsenden Anforderungen standzuhalten.

Anlässlich des Vicentz-Forums 2005 stellte Prof. Dr. Thomas Klie einige Thesen zur zukünftigen Gestaltung von Pflege und Begleitung auf, wovon die nachfolgende besonders treffend formuliert ist: *„Eine nachhaltige Sicherung der Pflege verlangt nach einem neuen Profil professioneller Pflege, nach Interdisziplinarität, nach Kooperationen zwischen Berufsgruppen und einer neuen Partnerschaft zwischen Angehörigen, Freiwilligen und beruflich Tätigen[...]"* (Klie 2005).[31]

Nun ist es so, dass die Heimpersonalverordnung (§5, Abs.1) in Deutschland besagt, dass 50% der Beschäftigten eine abgeschlossene Ausbildung als Fachkraft (Kranken- und Gesundheitspfleger, Altenpfleger) haben müssen (es heißt ‚die Hälfte der erbrachten Arbeitsleistung müsste durch ausgebildete Fachkräfte erfolgen). Also eine *Fachkraftquote* von gerade mal 50%. Dies bedeutet auf der anderen Seite mindestens 50% ungelernter Hilfskräfte (mehr oder weniger qualifiziert, es existieren verschiedene Ansätze) auf einem Arbeitsgebiet, das zentriert auf die Kontinuität bisheriger Lebensweisen zielt! Meiner Meinung nach ein Hemmnis auf dem Weg der zukünftigen Entwicklung.

Es geht dabei um die Sicherstellung von Qualität.

Qualität, die dauerhaft nur, mit Sicht auf die zukünftigen Veränderungen, über eine entsprechende Qualifikation der beruflich Tätigen sichergestellt werden kann (durch entsprechende Aus-/Fort- und Weiterbildung). Hier setzen die gesetzlichen Bestimmungen derzeit Grenzen für professionelles Handeln, auch in Bezug auf Führung.

Die Finanzierung bildet eine weitere Hürde bei der Professionalisierung innerhalb der Altenhilfe. Finanziert wird die stationäre Altenhilfe in Deutschland neben privaten Aufwendungen vor allem durch die Leistungen der Pflegeversicherung (SGB XI), bei Bedarf auch subsidiär [32] durch die Hilfe zur Pflege, eine Leistungsart der staatlichen Sozialhilfe. Es werden jedoch nicht alle Kosten durch die Pflegeversicherung abgedeckt, da der hohe Personalkostenanteil einen Großteil des Heimentgeltes ausmacht.

---

[30] K. Kämmer, Pflegemanagement in Altenpflegeeinrichtungen, (2008), Schlütersche, Hannover, S. 23
[31] K. Kämmer, Pflegemanagement in Altenpflegeeinrichtungen, (2008), Schlütersche, Hannover, S. 25
[32] **Subsidiarität** (von lat. „subsidium", dt. Hilfe, Reserve) ist eine politische und gesellschaftliche Maxime, die Eigenverantwortung vor staatlichem Handeln stellt. Danach sollen bei staatlichen Aufgaben zuerst und im Zweifel untergeordnete, lokale Glieder wie Stadt, Gemeinde oder Kommune für die Lösung und Umsetzung zuständig sein, während übergeordnete Glieder zurückzutreten haben.

Auch Pflegeheime sind gezwungen, wirtschaftlich zu handeln. So ist es auf der einen Seite verständlich, dass dort mit Hilfskräften gearbeitet wird, da diese die geringeren Kosten verursachen. Auf der anderen Seite jedoch ist der hohe Anteil an Hilfskräften kontraproduktiv im Rahmen der Professionalisierung der Pflege. Hier wäre sicher ein neues Finanzierungsmodell seitens des Gesetzgebers von Nöten. Damit befasst sich diese Facharbeit jedoch nicht. Die dargestellte Problematik soll hier nur verdeutlichen welche Hürden in Zukunft noch genommen werden müssen.

4.1 Führung in der stationären Altenhilfe heute und morgen

Der Beruf des Altenpflegers ist geschichtlich betrachtet noch ein sehr junger Beruf. Erst in den sechziger Jahren erfolgte die Ausbildung, meist inhaltlich in Anlehnung an die Krankenpflege, in staatlich nicht geregelten Kurzlehrgängen oder Kursen.

Das Berufsbild erlebt seitdem einen permanenten Wandel und hat sich von einer einjährigen langsam zu einer dreijährigen Berufsausbildung entwickelt. Seit 2003 ist die Ausbildung über das Altenpflegegesetz nunmehr in allen Bundesländern einheitlich geregelt.[33] Damit sind die Voraussetzungen geschaffen worden, ein einheitliches Ausbildungsniveau zu erreichen und dieses auch in der Führungsebene zu garantieren. Ein Stück mehr Professionalität, das dringend benötigt wird, um der negativen demografischen Entwicklung in unserer Gesellschaft entgegenzuwirken und die wichtige Aufgabe „Führung" als solches überhaupt wahrnehmen zu können. Führungskompetenz ist der zentrale Faktor der Personalbindung, um der vermeintlich kurzen Verweildauer von ausgebildeten Fachkräften im eigentlichen Tätigkeitsfeld die Stirn zu bieten.

So wie sich der Beruf entwickelt, entwickeln sich auch Leitung und Führung in der Altenpflege.[34] Warum? Weil erfolgreiches Managen im Interesse des Teams, der persönlichen Entwicklung und gegenüber den alten Menschen und ihrer Angehörigen notwendig und anspruchsvoll ist. Von ca. 1,5 Millionen Beschäftigten in der Altenpflege sind rund 20% der Fachkräfte mit Führungsaufgaben betraut[35]. Hier wird der aktuelle Anspruch an Führung heute und zukünftig sichtbar.

Die eingangs beschriebenen Aufgaben, die mit einer Leitungsverantwortung verbunden sind, die zunehmende Kosteneinsparung im Gesundheitswesen, die täglichen Arbeitsbelastungen, hohe Personalausfälle aufgrund von Krankheit, Burnout, Überforderung und das Arbeiten mit zum Teil wenig qualifiziertem Personal, definieren im eigentlichen Sinne bereits den Anspruch an Führung und die Anwendung von Führungsstilen.

Wie bereits erwähnt, wird in der stationären Altenhilfe zu rund 50% mit Hilfspersonal gearbeitet. Zwar kann man, aufgrund von Vorerfahrungen, Lebensalter und Dauer der Berufstätigkeit, sicherlich von einer bestimmten Reife des jeweiligen Mitarbeiters sprechen. Jedoch sind diese Mitarbeiter aufgrund

---

[33] http://www.pflegewiki.de/wiki/Altenpflegegesetz
[34] K. Kämmer/B. Schröder (Hrsg.), Schlütersche (2000), Pflegemanagement in Alteneinrichtungen, 4. Auflage, Hannover, S. 11
[35] U. Reuter, (Hrsg.), Erwin Strauss Institut (2003), Zukunft der Altenpflege: neue Perspektiven, neue Aufgaben, Bremen, S. 106

fehlender Fachkompetenz (sie haben den Beruf nicht erlernt) in ihren Entwicklungsmöglichkeiten beschnitten (im Hinblick auf Weiterbildungsangebote). Nun sind die Aufgaben in der stationären Altenhilfe über Stellenbeschreibungen geregelt. Diese bilden den Rahmen für das eigentliche Tun und definieren den Aufgabenbereich. Wir haben es also mit unterschiedlichen Qualifikationsprofilen zu tun. Daraus ergibt sich wieder der besondere Anspruch an Führung.

In Anlehnung an das Reifegradmodell von Hersey & Blanchard kann das meiner Meinung nach bedeuten, dass es gerade hier notwendig ist den Führungsstil situativ den Erfordernissen anzupassen, um den unterschiedlichen Qualifikationen und Anforderungen gerecht zu werden. Das heißt im Klartext, situativ-kooperativ führen ist natürlich derzeit aktuell, wird aber auch künftig anhand der oben beschriebenen Faktoren aktuell bleiben.

5. Management by Objectives als mögliche Führungstechnik

Auf den Begriff der Führungstechnik wurde ja bereits kurz eingegangen. Nachfolgend erfolgt eine kurze Darstellung der Technik Management by Objectives (nachfolgend MBO genannt) oder Führen durch Zielvereinbarungen. Die Führungstechnik ist dabei eine Grundvoraussetzung für die Anwendung von Führungsstilen, da sie die Rahmenbedingungen hierfür schafft.

MBO ist eine Methode zielorientierter Unternehmensführung die 1955 von **Peter Ferdinand Drucker** konzipiert wurde. MBO hat dabei die Aufgaben Mitarbeiter zu **führen**, zu **motivieren** und die **Ziele** des Unternehmens zu **erreichen**. Da sich die Unternehmensziele permanent verändern ist MBO ein fortlaufender Prozess. Dabei ist MBO nicht von der Unternehmensform abhängig, sondern universell einsetzbar.

Die übliche Vorgehensweise in Unternehmen stellt dabei das **Zielvereinbarungsgespräch** bzw. **Mitarbeitergespräch** dar. Dabei wird die **Zielformulierung** zwischen **Führungskraft** und den ihr jeweils unterstellten **Mitarbeitern** gemeinsam vorgenommen.[36]

Man geht davon aus, dass gemeinsam formulierte Ziele zu einer größeren Zielidentifikation des Mitarbeiters führen und er dadurch motivierter ist, diese zu erreichen. Dabei ist wichtig, dass die Ziele messbar sind. Eine Möglichkeit die Messbarkeit zu überprüfen ist die SMART-Formel:[37]

- S – spezifisch (zur jeweiligen Abteilung),
- M – messbar (klare Vorgaben),
- A – aktiv beeinflussbar (erreichbar),
- R – realistisch (umsetzbar) und
- T – terminiert (klares Zeitlimit).

Die Ziele werden dabei periodisch festgelegt, was auch den permanent veränderlichen Unternehmenszielen gerecht wird. Die

---

[36] Vgl. R.W. Stroebe (Hrsg.), Verlag Recht und Wirtschaft (2007), Führungsstile – Management by Objectives, Frankfurt am Main, S. 14
[37] http://de.wikipedia.org/wiki/Management_by_objectives

Zielvereinbarungsgespräche werden daher auch periodisch geführt. Persönliche Ziele, Wünsche und Vorstellungen der Mitarbeiter sind mit eingebunden, was einen erheblichen Motivationsfaktor ausmacht. Da der Vorgesetzte im Gespräch viel über den Mitarbeiter erfährt kann man sagen, dass MBO auch als ein Personalentwicklungsinstrument eingesetzt werden kann. Der Vorgesetzte hat die Möglichkeit, sein eigenes Führungsverhalten durch die im Gespräch gesammelten Informationen zu reflektieren und er erfährt etwas über die Zufriedenheit der Mitarbeiter.

Das Mitarbeiter gewisse Ansprüche an ihre Führungskraft stellen und sich darin auch die Zufriedenheit wiederspiegelt, zeigt die Führungskräftestudie von MARKON, 2002:[38]

Er verträgt keine Kritik	69%
Er berücksichtigt nicht die Meinung des Mitarbeiters	63%
Er gewährleistet keine Zukunftssicherheit	63%
Sein Verhalten motiviert nicht	61%
Er legt keinen Wert auf partnerschaftliche Teamarbeit	59%
Er bespricht Aufgaben und Ziele der gemeinsamen Arbeit nicht mit den Mitarbeitern	54%
Er informiert den Mitarbeiter schlecht	53%
Er hilft nicht, wenn Schwierigkeiten bei der Arbeit auftreten	46%
Er setzt sich nicht für seine Mitarbeiter ein	46%
Er überträgt dem Mitarbeiter keine selbstständigen Arbeiten und Entscheidungsbefugnisse	44%
Er beurteilt den Mitarbeiter nicht fair	44%
Er erfüllt seine fachlichen Aufgaben nicht gut	40%

Dabei kann man mit MBO gewisse Vorteile erzielen:

Führungskräfte haben mehr Zeit für eigentliche Führungsaufgaben, da häufige Einzelanweisungen und Entscheidungen reduziert werden, der Mitarbeiter kontrolliert sein Handeln in gewisser Weise selbst, fühlt sich jedoch an sein Wort gebunden und die Mitarbeiter haben einen gewissen Entscheidungsspielraum und werden gefordert. Die Ergebnisse werden zu vereinbarten Terminen *reifegradspezifisch* (hier der Bezug zum Reifegradmodell) kontrolliert, die übrige Kontrolle wird in Form von Ergebnis- und Selbstkontrolle an den Mitarbeiter delegiert.[39]

MBO stellt also eine Möglichkeit dar, den Mitarbeiter zentral durch die Vereinbarung von Zielen zu fordern und ihn im Rahmen der Personalentwicklung evtl. nach Bedarf (persönlicher Bedarf und der des Unternehmens) zu fördern. Weiterhin ist MBO auch im Rahmen von Projektmanagement gut durch die Überprüfbarkeit geeignet.

---

[38] Entnommen aus: Jäger, R., Weinheim Basel (2004), Kompetent führen in Zeiten des Wandels, Weinheim, Basel, S. 145
[39] Vgl. Ebenda, S. 16

Die Identifikation mit den Zielen des Unternehmens und der hohe Partizipationsgedanke bilden gemeinsam einen wichtigen Aspekt, speziell im Bereich der stationären Altenhilfe. Geht es doch zentral um die medizinisch-pflegerische Versorgung der Bewohner und das Einbeziehen des sozialen Umfelds. Durch Zielvereinbarungen hat man die Möglichkeit, eine höhere Identifikation mit dem Berufsbild als solches und dem Unternehmen, bzw. der Einrichtung zu schaffen, da der Mitarbeiter sich stärker verbunden fühlt.

Schlussfolgerung: Wird im Gegensatz zu Einzelanweisungen und Aufgabenbeschreibungen mit messbaren Zielen geführt, können Zeit, Energie und Kosten gespart werden.

6.Fazit

Ziel der vorliegenden Arbeit war es, zu zeigen, inwieweit die Führungsinstrumente, Führungsstile und Führungstechnik miteinander verknüpft sind und was Führung im eigentlichen Sinne darstellt und beinhaltet. Sie soll Zusammenhänge mit der Organisationsform „stationäre Altenhilfe" darstellen und einen Bezug zur Praxis herstellen. Sie zeigt Möglichkeiten auf, Führung in der stationären Altenhilfe zu strukturieren und gibt Beispiele aus der Praxis.

Die Arbeit veranschaulicht, dass es sich nicht pauschalisieren lässt welcher Führungsstil dauerhaft in der stationären Altenhilfe angewendet werden sollte.

Man kann Führung nicht ausschließlich an einem Führungsstil festmachen.

Vielmehr ist es das „Switchen" zwischen den Führungsstilen, da es von der Situation abhängig ist, wie aktuell geführt werden sollte. Dabei steht es außer Frage, dass die Führungsperson Kenntnis über Führungstheorien haben muss, was die Praxis leider nicht immer zeigt. Häufig werden, so meine Erfahrung, Führungskräfte in der stationären Altenhilfe „kommissarisch" eingesetzt, ohne jegliche Vorerfahrung. Der Einsatz von Führungsstilen, speziell situativ-kooperativ, erfordert jedoch ein hohes Maß an Informationen, Erfahrungen und Disziplin. Der Weg dahin führt ausschließlich über die Wahrnehmung entsprechender Bildungsangebote.

Die Arbeit zeigt auch, dass situativ-kooperatives Führen mit den Führungsstilen nach LEWIN in Anlehnung an HERSEY & BLANCHARD im stationären Bereich gerade aufgrund der gravierenden Veränderungen aktuell ist und auch in der Zukunft weiterhin praktikabel bleibt, da sich die Pflegelandschaft in den nächsten Jahrzehnten, wie beschrieben, permanent verändern wird. Wie sie sich verändern wird, wird die Zukunft zeigen und ist dabei von vielen Faktoren abhängig.

Die Führungstechnik „Management by Objectives" nach DRUCKER stellt hierbei eine mögliche Führungstechnik dar und kann die Rahmenbedingungen zum Einsatz von Führungsstilen durch die Vorgabe von Struktur bilden.

Die aufgezeigten Entwicklungsmöglichkeiten stellen lediglich sinnvolle Möglichkeiten dar, die aufgrund persönlicher Erfahrungen in der pflegerischen Praxis thematisiert wurden.

7. Literaturverzeichnis

Buch/Skript:

- K. Kämmer/B. Schröder, Schlütersche, Pflegemanagement in Alteneinrichtungen, 4. Auflage, Hannover, 2000
- Dr. Ortrud Sander, Unterrichtsskript im Lehrgang für Leitungsaufgaben im Institut für Weiterbildung Klinikum Braunschweig, Das Team als soziale Gruppe, 2010
- Brunen/Herold, Schlütersche, Ambulante Pflege. Die Pflege gesunder und kranker Menschen: Ambulante Pflege, Bd. 3: Familienpflege, Management, Bildung, 2002
- K. Schubert/M. Klein, Dietz, Das Politlexikon, 4. Aktual. Aufl., Bonn, 2006
- Staehle, Management, 8. Auflage, München 1999
- R. Baumgarten, Führungsstile und Führungstechniken, Berlin/New York 1977
- Y. Lütkefent, Schlütersche, Flexible Dienstplangestaltung in der Altenpflege, Hannover, 2003
- Grosses Wörterbuch der Psychologie – Grundwissen von A-Z, Compact Verlag München, 2004
- K. Wagner/B.F. Rex/M. Eicher, Gabler, Praktische Personalführung, 3. Auflage, Wiesbaden, 2003
- R. Mahlmann, Beltz, Führungsstile flexibel anwenden – Mitarbeiterorientiert, situativ und authentisch führen, Weinheim und Basel, 2002
- T. Brocher, Westermann, Gruppendynamik und Erwachsenenbildung, 12. Auflage, Braunschweig, 1976
- K. Kämmer, Schlütersche, Pflegemanagement in Altenpflegeeinrichtungen, Hannover, 2008
- U. Reuter, Erwin Strauss Institut, Zukunft der Altenpflege: neue Perspektiven, neue Aufgaben, Bremen, 2003
- R.W. Stroebe, Verlag Recht und Wirtschaft, Führungsstile – Management by Objectives, Frankfurt am Main, 2007
- R. Jäger, Weinheim Basel, Kompetent führen in Zeiten des Wandels, Weinheim Basel, 2004

Internet:

- http://de.wikipedia.org/wiki/F%C3%BChrungstechnik vom 05.11.2010
- http://de.wikipedia.org/wiki/Gestalttheorie vom 07.11.2010
- http://de.wikipedia.org/wiki/Ferldtheorie_(Psychologie) vom 11.11.2010

- http://de.wikipedia.org/wiki/Aktionsforschung vom 08.11.2010
- http://de.wikipedia.org/wiki/X-Y-Theorie vom 08.11.2010
- http://de.wikipedia.org/wiki/reifegradmodell_(F%C3%BChrungslehre vom 08.11.2010
- http://www.destatis.de/jetspeed/portal/cms/ vom 14.11.2010
- http://www.pflegewiki.de/wiki/Altenpflegegesetz vom 15.11.2010
- http://de.wikipedia.org/wiki/Management_by_objectives vom 12.11.2010